公路水运工程"平安工地"建设口袋丛书

一线工人必读

交通运输部工程质量监督局 编

人民交通出版社
China Communications Press

序

《公路水运工程"平安工地"建设口袋丛书》正式出版了。这套丛书集中介绍了工程建设安全生产的有关要素。

安全是什么?不同的人有不同的理解,答案也不尽相同。其实每个人潜意识里都在追求安全,它是个人的健康,是家庭的幸福,是企业的生命,是社会的和谐,更是一种对亲人、对企业、对社会负责而珍爱生命的人生态度。

交通基础设施建设面临着建设规模庞大、工作环境艰苦、施工条件恶劣、施工作业困难,安全生产风险始终居高不下。一直以来,各级交通运输主管部门高度重视施工安全生产,认真践行"以人为本,关爱生命"的安全理念,积极落实科学发展观的要求,不断加大行业监管力度,组织开展了"平安工地"建设活动。近年来,交通行业施工安全形势总体稳定,"平安工地"建设取得了较好成效。

实践证明，良好的安全行为、安全意识在于教育，在于培养。只有进一步加强安全教育，充分发挥现场专职安全员的作用，全面加强一线工人的安全意识、操作技能和自救能力，才能牵住安全生产"双基"工作的"牛鼻子"。为此，部工程质量监督局组织安徽等地的业内专家与学者编写了安全生产口袋丛书，用浅显易懂的语言和形象生动的漫画，再现交通建设工程施工场景，普及最基本的安全常识，介绍最基础的作业要点。口袋书具有较强的可读性、实用性，希望能够成为交通基础设施建设从业者在安全生产工作中的好帮手。

安全在你手中，让我们一起努力，共创平安工地，为交通建设发展添砖加瓦。

交通运输部副部长

告工友书

工人兄弟们：

你们好！

欢迎大家加入交通建设大军！多年来，你们告别亲人，远离家乡，带着对美好生活的追求，以淳朴善良的品格、吃苦耐劳的精神和精湛娴熟的技艺，辛勤耕耘在祖国大地的交通建设战线上，为全国交通运输建设事业蓬勃发展做出了不可磨灭的贡献！在此，我们衷心地感谢你们，并真诚地道一声：一线工人兄弟们，你们辛苦了！

"儿行千里母担忧"。身处建设一线，你们的安全牵动着你们父母和妻儿的心，也牵动着全国交通人的心，更牵动着党中央和各级政府领导的心。交通运输是国民经济和社会发展基础性、先导性行业，也是安全生产的高危行业。虽然我们一起做了很多努力，但是目前安全事故仍时有发生，特别是个别一线工人兄弟不慎发生伤亡事故，大家都十分痛心。

为进一步加强安全生产管理工作,提高你们的安全意识和安全操作技能,将安全事故降低到最低限度,我们组织编写了这本图文并茂、通俗易懂、便于携带的《公路水运工程"平安工地"建设口袋丛书——一线工人必读》。本书向你们介绍了施工现场最常见的安全生产标识标志、如何正确使用劳动防护用品、施工安全注意事项、发生事故如何避险与急救。同时,为了不让一线工人兄弟们既流汗,又流泪,切实依法维护自己的权益,我们在"一线工人的权利与责任"部分,着重介绍了你们应享有的权利和如何保护自己的合法权益。

我们诚恳地提示工人兄弟们:为了自己,为了家人,请牢记珍爱生命,从我做起。

切记:侥幸是误区,违章是禁区,安全才是福区!

编写委员会

主 任 委 员　李彦武
副主任委员　黄　勇　罗　宁
编　　　委　陈　萍　罗海峰　桂志敬　何　光
　　　　　　殷治宁　马贤贵　张有超　汪　慧
　　　　　　张征宇　尤晓昕

审定委员会

主　　　审　黄　勇
审 查 人 员　桂志敬　栾建平　彭东岭　楼重华
　　　　　　黄淞文　王　辉　李庆伟

目 录

安全生产基本常识 ······ 01

- 认识安全标识 /02
- 正确使用劳动防护用品 /13

一线工人的权利与责任 ······ 22

- 劳动安全纪律 /23
- 劳动安全权利 /25
- 劳动安全责任 /30

今天我上班 ······ 32

施工安全注意事项 ······ 37

- 通用作业 /38
- 土方工程 /49

Contents

- 桥梁工程 /51
- 隧道工程 /54
- 路面工程 /57
- 水运工程 /59

事故避险与急救 ·················· 62

- 事故避险 /63
- 现场急救 /69
- 人工呼吸 /72
- 胸外心脏按压 /74

平安卡片 ·················· 76

嗨,我是小水滴"平平"!欢迎你的加入!现在我将带你熟悉工程中安全生产的基本常识,教你如何做到安全与文明施工。

平平

嗨,我是铺路石"安安"!欢迎你的加入!现在我将带你识别施工现场存在的危险,从而避免各种伤害。

安安

主要人物

工人

安全员

医生

路人

安全生产基本常识

在我们的建设工地上，可以看到有许多红色、黄色、蓝色和绿色的标志，有的是贴在墙上、有的是装在设备上、还有的悬挂在空中……你知道它代表什么意思？有什么作用吗？我们收集了交通建设工程施工现场最基本的安全标识，让我们一起来学习吧！

一线工人必读

认识安全标识

你知道什么是安全色吗？不同的颜色分别表示什么含义？

我知道，安全色的红色表示禁止，黄色表示警告，蓝色表示指令，绿色表示提示。

安全生产基本常识

红色禁止标志

　　红色是表示危险、禁止、紧急停止的含义，用于禁止标志、停止信号以及禁止触动的部位，基本型式是带斜杠的圆边框。常见的有以下 16 种。

禁止吸烟

禁止烟火

禁止明火作业

禁止通行

禁止跨越

禁止攀登

一线工人必读

禁止入内

禁止停留

禁止合闸

禁止转动

禁止抛物

禁止戴手套

禁止乘人(吊篮)

禁止放易燃物

安全生产基本常识

禁止单扣吊装

禁止酒后上岗

兄弟,请别进去,里面正在施工,危险!

黄色警告标志

黄色是表示警告、提醒对周围环境引起注意的含义，基本型式是三角形边框。常见的有以下14种。

安全生产基本常识

注意安全

当心火灾

当心机械伤人

当心塌方

当心坑洞

当心伤手

当心坠落

当心落物

当心落石

事故易发路段

当心扎脚

当心滑坡

当心触电

当心电缆

蓝色指令标志

蓝色是表示强制必须做出某种动作或采用防范措施的含义，基本型式是圆形边框。常见的有以下7种。

一线工人必读

必须戴安全帽

必须穿防护鞋

必须系安全带

必须戴防护眼镜

必须戴防护手套

必须戴防护面罩

必须戴防毒面具

安全生产基本常识

绿色指示标志

绿色是表示通行、安全和提供某种信息的含义,基本型式是正方形或长方形边框。常见的有以下2种。

紧急出口

可动火区

遇到紧急情况时,一定要走安全通道!

紧急电话

当你发现现场出现人员受伤或人员处在危险状况下时,一定要及时拨打紧急电话,并立刻向有关项目负责人汇报。

安全生产基本常识

 # 正确使用劳动防护用品

　　了解和正确使用劳动防护用品,是减少和避免在作业中发生事故的重要手段。为了保护你的身体安全,必须穿戴好劳动防护用品!也许你可能穿戴还不习惯,也许你可能还不会正确使用,没关系,我来告诉你吧!

一线工人必读

安全帽

进入工地时必须正确佩戴安全帽,并系紧颌带;女工的发辫一定要盘在帽内。

安全生产基本常识

在从事高处作业时,必须正确系好安全带,并挂好带扣,确保安全。

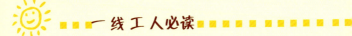

工作服

在作业时一定要穿上符合要求的工作服,特殊作业还要满足"三紧"(袖口紧、下摆紧、裤脚紧)的要求。

防护镜

在进行电焊、气割作业时,必须按要求佩戴好防护镜。

防滑鞋

从事高处作业时,必须要穿好防滑鞋。

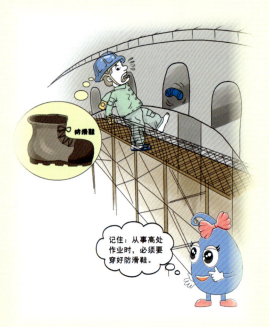

安全生产基本常识

防护手套

在操作机具作业、用电作业时，必须戴好防护（绝缘）手套。

帆布手套

棉纱手套

防静电手套

电焊手套

过胶棉纱手套

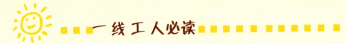

防毒面具

当作业环境中存在有毒、有害气体时,必须正确佩戴好防毒面具。

救生衣

进行水上作业时，必须按要求穿戴好救生衣。

一线工人的权利与责任

在施工现场,不管你是谁?你做什么事情?劳动纪律是我们每一个人都必须遵守的!当然,我们在作业中也应该享有自己的合法权益。看看下面的内容,你做到了吗?单位做到了吗?

一线工人的权利与责任

劳动安全纪律

◆ 要自觉遵守安全生产制度,上岗、转岗前,必须参加安全培训。

◆ 正确佩戴和使用劳动防护用品。

◆ 非专业人员严禁擅自接电、违规用火,不熟悉作业区禁入。

一线工人必读

◆ 特殊工种人员，必须持证上岗。

◆ 要认真参加班前会教育，作业中听从现场专人的指挥。

◆ 严禁高空抛物，稳妥安放机电、机具和使用工具。

◆ 遵守驻地及个人卫生制度，不食用过期、霉变和有毒食品。

◆ 生病不作业，疲劳不作业，酒后不作业。

一线工人的权利与责任

 ## 劳动安全权利

◆ 享有签订劳动合同、获得意外伤害保险的权利。

◆ 享有休息休假、接受职业技能和岗前安全生产教育与培训的权利。

一线工人必读

◆ 享有获得符合标准的劳动保护用品的权利。

◆ 享有对违章指挥和强令冒险作业的拒绝权利。

◆ 享有了解施工现场和作业岗位存在危险因素以及防范措施的权利。

一线工人的权利与责任

◆ 享有对安全生产工作的建议权及对安全生产工作提出批评、检举和控告的权利。

一线工人必读

◆ 享有作业中发生危及人身安全紧急情况时立即停止作业或在采取必要措施后撤离危险区域的权利。

一线工人的权利与责任

◆ 享有因工受伤获得及时救治和工伤保险待遇的权利。

一线工人必读

劳动安全责任

◆ 负有履行劳动合同、遵守劳动纪律的责任。

◆ 负有接受岗前安全生产教育和培训、掌握安全操作技能的责任。

◆ 负有规范佩戴和使用劳动保护用品、保护现场安全防护设施的责任。

一线工人的权利与责任

◆ 负有不伤害自己、不伤害别人和不被别人伤害的责任。

◆ 负有听从他人合理建议、及时纠正错误、接受管理人员及相关部门批评劝告的责任。

◆ 负有施工中发生危及人身安全紧急情况时及时避险、及时报告的责任。

◆ 负有发生事故后吸取事故教训、改正不良习惯的责任。

◆ 负有服从正确管理、遵守安全规程、不违章作业的责任。

操作机具作业、用电作业时,必须戴好防护(绝缘)手套。

今天我上班

今天我上班了,心情格外高兴。昨天参加了项目组织的岗前安全培训,觉得老师教给我的安全知识太重要了,这是对我的负责,也是对家庭和父母的负责,我一定会认真牢记!请相信我!

今天我上班

◆ 戴上帽,整好装,工具备齐才上岗。

一线工人必读

◆ 班前会,认真听,安全防范记在心。

今天我上班

◆ 站稳脚，顾周边，设备调试要全面。

一线工人必读

◆ 重安全,讲质量,遵守规程不走样。

施工安全注意事项

在交通建设工程施工现场，具体到每一项工程、每一个工序、每一个作业点，都存在着潜在的危险源。今天你的工作内容是什么？安全生产到底需要注意什么？你想过了吗？你能做到吗？

一线工人必读

通用作业

◆ 严禁动用本人职责以外的任何机械器具和工具。

◆ 严禁攀爬、跨越施工现场防护围栏等设施,不准进入挂有"禁止出入"等危险警示标志的区域。

◆ 严禁私自拆除、挪动现场安全保护装置和设施。

施工安全注意事项

◆ 氧气瓶、乙炔瓶存放或使用时，严禁靠近热源或易产生火花的电器设备。吊运氧气瓶、乙炔瓶必须使用装具，严禁使用钢绳、铁链直接捆绑或使用电磁吸盘等进行吊运。

◆ 冬季施工时，冻结的氧气瓶、乙炔瓶阀门、胶管等，严禁用明火烧烤。

◆ 严禁无证操作特种设备，特种人员严禁无证上岗。

一线工人必读

◆ 电焊作业严禁在雨天、雪天、露天进行，作业前应正确穿戴防护用品，电焊机单设开关箱，作业完毕须给开关箱拉闸上锁，不得与各种管道线接触。

施工安全注意事项

◆ 严禁停留在钢筋加工作业区附近。

◆ 钢筋弯曲作业中严禁更换芯轴、销子及调速,不得加油和清扫。

◆ 在机械运行中,不得用手清除金属屑,清理工作必须在机械停稳后进行。

一线工人必读

◆ 绑扎钢筋时,严禁站在钢筋骨架上,不得攀爬钢筋骨架。

施工安全注意事项

◆ 进行混凝土振捣作业人员必须戴绝缘手套，穿绝缘鞋，以防止触电。

◆ 水泥混凝土搅拌机遇有故障，应停机检修，必须封闭下料口，切断电源，专人值守，挂牌警示。

搅拌机发生故障时，应按下列程序进行：首先封闭下料口，其次切断电源，然后设专人值守，挂牌警示。

43

一线工人必读

◆ 吊装作业时,服从专人指挥;不准从正在起吊、运吊中的物件下通过或逗留;严禁作业人员随同运料或构件一起吊运升降。

◆ 陆用起重机在驳船上作业时,起重机、吊臂及吊钩必须设置封固装置,确保安全。

施工安全注意事项

◆ 高处作业时必须系好安全带,并认真检查安全带是否完好无损,是否可靠固定。当高处作业的安全设施有缺陷或隐患时,必须及时处理。危及人身安全时必须立即停止作业。

◆ 高处作业时要稳妥放置好零件及工具,防止坠落伤人。

◆ 高处作业时必须设置防护栏杆和防护网。

一线工人必读

◆ 易燃材料的堆放距离应远离施工区和生活区。

◆ 当采用爆破船施工时,临时存放的炸药和雷管必须分舱放置,严禁混放。

◆ 爆破器材应由专人领取,未用完应及时归库,严禁将爆破器材私自存放或带入宿舍。

◆ 进行爆破作业时应由专人指挥,应设置明显警戒区和警告标志。

施工安全注意事项

◆ 拆除施工严禁采取上下立体交叉作业的施工方法。

◆ 模板安装就位后,必须立即进行支撑和固定,支撑和固定未完成前,严禁升降或移动吊钩。

◆ 脚手架应搭设牢固,作业面脚手板要满铺、绑牢,不得有探头板、飞跳板。

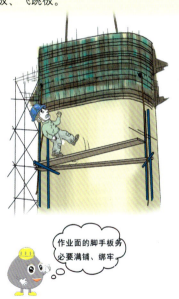

作业面的脚手板务必要满铺、绑牢

一线工人必读

◆ 遇有雷雨天气时,作业人员应远离拌和楼、塔式起重机、外用电梯等高大机械设备,以防雷电击伤。

◆ 冬季设有锅炉与取暖设备的地方,应注意通风,防止煤气中毒。

◆ 陆用电缆线要采用埋地或架空敷设,路径要设有方位标志,严禁沿地面明设电缆。水上和潮湿地带的电缆线,必须绝缘良好并具有防水功能。电缆线的接头必须进行防水处理。

◆ 潮湿多雨季节必须定期检测机电设备的绝缘电阻和接地装置,不符合规定的设备必须停止使用。电器开关必须采取防雨措施。

◆ 电气着火应立即切断电源,使用干砂、干粉灭火器等灭火,严禁用水灭火。

施工安全注意事项

土方工程

◆ 基坑周边应设置围栏，1米内严禁堆物，堆积高度严禁大于1.5米。无作业时应对基坑加盖，周边设置安全警示标志。

◆ 作业人员上下基坑时，必须走马道或带扶栏的梯子。

一线工人必读

◆ 进行机械或人工挖土时,严禁掏挖,防止坍塌。当人工开挖基础沟槽深度超过1.5米时,必须放坡或设支护。

◆ 土方作业时要随时观察边坡、土壁的变化情况,如发现有裂纹或部分坍塌现象,必须立即停止作业,撤离现场,并及时报告项目管理人员。

◆ 挖土机械作业半径范围内严禁站人。

施工安全注意事项

桥梁工程

◆ 挖孔作业人员上下井,必须系好安全带,每个作业点配备应急软梯,孔下作业人员连续作业时间不得超过2小时。

◆ 挖孔桩施工前要检查孔壁是否稳定,孔顶出土机具要有专人管理,下班后孔口要把罩盖盖牢,设置标志。

一线工人必读

◆ 机械钻孔过程中发生故障，禁止作业人员下孔内排除故障。

◆ 当采用爬模施工方法进行模板爬升时，作业人员禁止站在爬升的模板或爬架上。

◆ 墩台施工时必须搭好脚手架及作业平台，并在平台外侧设置安全护栏。严禁吊斗碰撞模板和脚手架。

施工安全注意事项

◆ 使用挂篮时,应经常检查后锚固筋及张拉平台的保险绳。行走时,速度应控制在 0.1 米 / 分钟以内,挂蓝后部各设一组溜绳,以确保安全。

◆ 跨越公路或铁路架设梁板时,应设置安全通道,并设岗哨监视管理。

◆ 张拉时千斤顶的对面及后面严禁站人,作业人员应站在千斤顶的两侧。冷拉作业区的两端必须装设防护挡板。

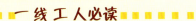

隧道工程

◆ 进出隧道洞口时，要自觉做好进、出洞的登记。

◆ 雷管和炸药必须放置在带盖的容器里分别运至隧道施工现场，一人一次运送炸药不得超过 20 公斤或原包装一箱。

施工安全注意事项

◆ 隧道洞壁或地面出现异常裂缝，必须立即撤出洞外，并立即报告险情。

◆ 隧道掘进后必须安装送排风设备。发生瓦斯涌出、喷出异常的状况时，必须及时采取措施，杜绝一切可能产生火源的情况，断电、加强通风，尽快撤出作业人员，对隧道进行警戒。

一线工人必读

◆ 支架式风钻钻眼前,应安装稳妥;出现卡钻情况不得敲打钻杆,未关闭风管前不得拆除钻杆。严禁在残眼里继续补钻。

◆ 安装、拆除二衬模板和钢拱架时,工作地段应有专人监护。

◆ 隧道锚喷支护时,应清除松动危石。脚手架要搭设牢固,喷射手应穿戴好防护衣帽、防滑鞋及防护眼镜。

爆破作业后,注意先进行机械排险工作。

施工安全注意事项

路面工程

◆ 在稳定土拌和作业中,必须采用低速、匀速行走,严禁倒挡拌和。

◆ 沥青作业人员的工作服及防护用品,应集中存放,严禁穿戴回家或带回宿舍。

◆ 路面摊铺现场作业时,应设专人指挥,听从操作调度。

一线工人必读

◆ 沥青混合料拌和设备在运转启动前,必须进行详细检查,确保完好、安全后才能合闸运转。滚筒清理必须停机,且必须设专人进行监护。

◆ 沥青摊铺机熨平板预热时,必须设专人看管。作业中应控制热量,防止局部过热变形或误碰烫伤。

◆ 滑模式水泥混凝土摊铺时,调整机器高度、工作踏板及扶梯处禁止站人。非工作期间,在停放处必须设置安全警示标志,夜间以红灯示警。

◆ 在通车的路段施工,要在红白相间的隔离墩(栅)等规定的范围内进行作业,确保安全。

施工安全注意事项

水运工程

◆ 交通船应按规定载运人数渡运。船上应配备足数救生衣。

◆ 水下爆破引爆前,潜水员必须回到船上,警戒区内的所有船舶和人员必须移至安全地点。

◆ 台风季节,施工单位及施工船舶必须严格执行甚高频(VHF)收听制度,及时收听、记录气象预报及台风警报。

一线工人必读

◆ 施工船舶必须在核定航区或作业水域内施工。

◆ 施工船舶严禁转载或携带易燃易爆及危险有毒物品,严禁使用电炉、碘钨灯取暖,采用煤炭炉取暖必须具有防火或防止一氧化碳中毒的措施。

◆ 作业、航行或停泊时,施工船舶应按规定显示号灯或号型。

施工安全注意事项

◆ 拆除沉井刃角侧模和垫层时，作业人员必须站在刃角外作业，严禁作业人员进入底梁或隔墙下。

◆ 牵引或旁侧拖带作业船时，严禁超载，牵引钢丝绳应联结牢固。

◆ 施工船舶不得在未成型的码头、墩台或其他构筑物上系挂缆绳。缆绳通过的地段，必须悬挂安全警示标志，必要时设专人看护。

◆ 船舶主机、副机、锚机等航行或锚泊重要设施严禁随意拆检。

事故避险与急救

发生事故不要慌,冷静思考细细想。首先作业要停止,第二急救要跟上。事故情况快报告,有序小心离现场。掌握一些避险与急救的小常识,在万一的情况下,一定会对大家有所帮助!

事故避险与急救

事故避险

◆ 施工中发生危及人身安全的紧急情况，作业人员应立即停止作业，采取必要措施后迅速撤离危险区域。

◆ 立即向本单位或项目部安全生产管理人员或主要负责人报告。

◆ 如果自己处境危险，应尽快找到自救方向，并发出求救信号，等待救援。常见的求救信号有以下5种。

一线工人必读

声音信号

- 三声短,三声长,再三声短。
- 间隔一分钟后重复。

事故避险与急救

浓烟信号

◆ 在火堆中添加绿草、树叶、苔藓等产生浓烟。
◆ 潮湿的树枝、草席、坐垫可薰烧更长时间。

旗语信号

◆ 将一面旗子或一块色泽亮艳的布料系在木棒上挥动。

◆ 左侧长画,右侧短画,做"8"字形运动。

事故避险与急救

火光信号

- ◆ 燃放三堆火焰摆成三角形,每堆之间间隔相等。
- ◆ 保持燃料干燥,一旦有飞机经过,尽快点燃求助。
- ◆ 尽量选择在开阔地带点火。

一线工人必读

反射光信号

◆ 利用镜子、玻璃、罐头盖、金属片等反射光线。

◆ 持续的反射将产生一条长线和一个圆点,引人注目。

事故避险与急救

现场急救

触电急救

◆ 立即切断电源，或用干燥木方、木板等绝材料，迅速将人与带电体分开。

◆ 将伤者平放在干燥的地面上，立即进行就地抢救。如伤者呼吸停止心搏存在，应平卧解松衣扣，通畅气道，立即进行人工呼吸。

◆ 尽快联系医务人员到现场救治。

一线工人必读

火灾自救

◆ 如果突遇火灾必须穿过烟雾时,要用湿毛巾捂住口鼻。身体尽量贴近地面或爬行,迅速向安全方向行进。

◆ 如果衣服着火,不要跑,原地趴下,双手捂住脸,反复地滚动,直到把火熄灭为止。

事故避险与急救

废墟自救

◆ 塌方时要保持冷静，尽快找到自救方向，或发出求救信号。

◆ 久在暗处，突遇阳光，切勿睁眼。

◆ 如果身体被废墟掩埋，头部应尽量向空气充足的地方挪动，保存体力，发出信号，等待救援。

塌方时要冷静，保存体力，寻找逃生通道或等待救援。

人工呼吸

◆ 如果受伤人员口中有异物，要先进行清除，疏通气道。

◆ 一只手捏住受伤人员鼻翼两侧，另一只手食指和中指将其下颚抬高，深吸一口气，用口对准受伤人员的口吹入，吹气停止后，放松鼻孔让病人从鼻孔呼气，以此反复进行。

◆ 成人每分钟 13～14 次，最初 6、7 次吹气要快一点，以后转为正常速度。

事故避险与急救

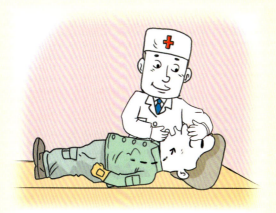

一线工人必读

胸外心脏按压

◆ 左手掌放在受伤人员胸骨中下三分之一处,右手掌放在左手背上,抢救成人要用双手,抢救儿童要用单手。

◆ 手臂伸直,垂直下压3～5厘米,然后放松,放松时,掌根不离开受伤人员胸腔。

◆ 挤压要平稳,不间断,有规则,不能冲击猛压。

◆ 成人每分钟80～100次。

事故避险与急救

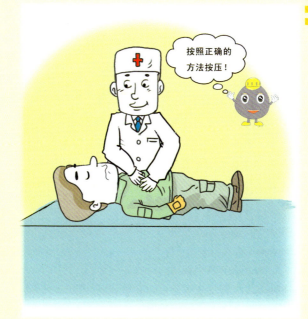

平安卡片

　　生命对于我们每一个人来说只有一次，如果生命都不存在了，其他的一切也无从谈起。工人兄弟们，当你读完了这本图文并茂的小册子，想想远在他乡的亲人们，他们无时无刻都在牵挂着你，期盼你的平安。为了你的家人，为了美好的明天，真的希望你能把安全意识养成一种习惯。

　　在这里，我们设立了一张小小的平安卡片，衷心祝愿这张卡片能陪你平安度过每一天。

平安卡片

姓名：_____ 单位：_____ 工种：_____

本工种主要危险点：_____

_____

我最喜欢的安全生产警句：_____

_____

家庭联系人及联系电话：_____

紧急联系人及联系电话：_____

图书在版编目（CIP）数据

一线工人必读/交通运输部工程质量监督局编.—北京：人民交通出版社，2011.6
ISBN 978-7-114-09166-7

Ⅰ.①一… Ⅱ.①交… Ⅲ.①交通工程－工程施工－安全生产－基本知识 Ⅳ.① U415

中国版本图书馆 CIP 数据核字（2011）第 098171 号

书　　名：	一线工人必读
著 作 者：	交通运输部工程质量监督局
责任编辑：	尤晓昕
出版发行：	人民交通出版社
地　　址：	(100011) 北京市朝阳区安定门外外馆斜街 3 号
网　　址：	http://www.ccpcl.com.cn
销售电话：	(010)59757973
总 经 销：	人民交通出版社发行部
经　　销：	各地新华书店
印　　刷：	中国电影出版社印刷厂
开　　本：	880×1230　1/64
印　　张：	1.375
字　　数：	32 千
版　　次：	2011 年 6 月第 1 版
印　　次：	2023 年 6 月第 11 次印刷
书　　号：	ISBN 978-7-114-09166-7
定　　价：	8.00 元

（有印刷、装订质量问题的图书由本社负责调换）